Que m'escoltes, Berta?

Júlia Prunés Massaguer
Il·lustracions de Cristina Méndez

Primera Edició: abril 2014
Júlia Prunés Massaguer
Edita: OmniaBooks

ISBN: 978-84-942117-1-3
Dipòsit legal: B-6487-2014
www.omniabooks.com

Text: Júlia Prunés
Il·lustracions: Cristina Méndez

Imprès a Catalunya

♥ **Escoltar** és molt més que parar **l'orella.**

Hi ha tantes realitats com punts de vista, especialment quan parlem de conflictes i emocions. És per això, que cada conte té un il·lustrador o il·lustradora diferent i la Berta ens sorprèn a cada nova aventura.

- Que m'escoltes, Berta? – va dir la mare, mig enfadada.

Feia una estona que la mare li demanava que recollís l'escampall de joguines que hi havia al menjador però la Berta, com si sentís ploure, continuava pintant els seus dibuixos.

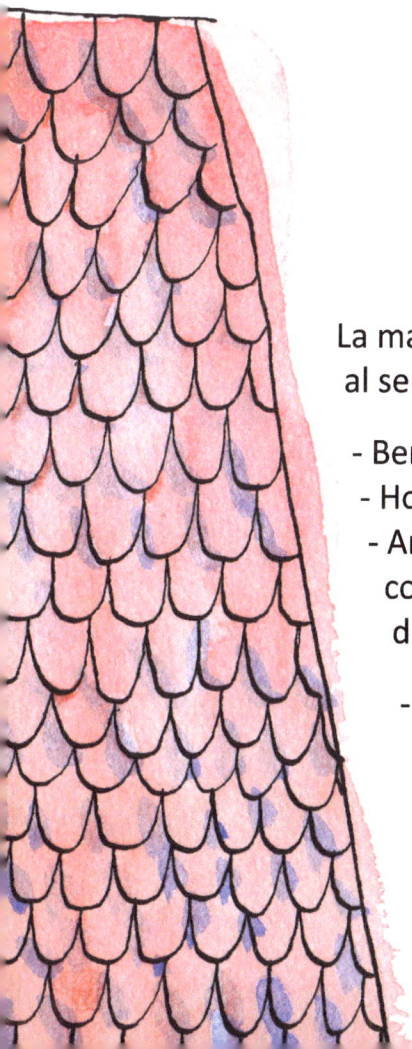

La mare s'hi va acostar i li va tocar l'esquena suaument. Es va posar al seu davant i ho va tornar a provar:

- Berta... Berta... escolta'm, si et plau!
- Hola mare! Vols veure què estic dibuixant? - li va respondre.
- Ara entenc perquè no contestaves! - va fer la mare- Estaves tan concentrada dibuixant que no em podies escoltar. Noieta, hauries de recollir les teves joguines; recordes que t'hi has compromès?

- Sí mare... és que he començat a dibuixar i m'he despistat! Acabo de pintar la teulada i m'hi poso, d'acord?

Quan ja ho tenia gairebé tot recollit, va sonar el telèfon. La nena va córrer a despenjar-lo...

- Hola? Sóc la Berta...

- Hola Berta! Sóc en Pau. Et vull fer una pregunta...

- Hola Pau! – va interrompre'l la Berta – Que bé que hagis telefonat, jo també et vull preguntar una cosa! Oi que és demà que hem de portar informació sobre les balenes a l'escola? És que no ho tinc anotat a l'agenda i ara no recordo si és per demà o per un altre dia! Saps què? Els meus avis m'han dit que em deixaran uns llibres que...

- Que m'escoltes, Berta? – va rondinar en Pau – Et vull preguntar una cosa i no em deixes!

- Ostres, Pau! Ara fas veu d'enfadat! Em sap greu, estava impacient i no t'he deixat parlar! Digues, digues... què em volies preguntar?
- Doncs que dissabte és el meu aniversari i farem una festa! Hi estàs convidada, podràs venir-hi? – va preguntar alleujat.
- Dissabte és el teu aniversari? I tant que vindré, Pau! Quina il·lusió! Estic molt contenta que hagis pensat en mi! Explica'm, explica'm... Què farem a la festa?

La Berta i el Pau van estar parlant una bona estona per telèfon, primer de la festa i després de les balenes.

Un cop tot recollit, la Berta es va escarxofar al sofà i va engegar la tele. La Mixa es va enfilar a la seva falda, buscant companyia.

- Hola Berta, tenia tantes ganes de veure't! - va fer la gateta.
- Ah sí...? – va contestar la Berta, sense apartar la vista de la pantalla. La Mixa va miolar:
- Estic preocupada. No trobo la meva piloteta, em sembla que l'he perduda!
- Ah sí...? – va fer la Berta, amb els ulls clavats al televisor.
- Que m'escoltes, Berta? – va somicar la Mixa.
- És clar que t'escolto, Mixa! Dius que has perdut una pilota! – va rondinar la Berta - Segur que has buscat bé? Au vinga, no et preocupis que ja sortirà!

La Piula va refilar des del seu racó:

- Berta, no n'hi ha prou amb les orelles per escoltar! – va piular.

- Això, això! – va afegir la Mixa – Si no em mires quan et parlo, és com si no m'escoltessis del tot.

La nena va apagar el televisor, que la distreia de la conversa, i els va preguntar:

- Què voleu dir amb això?

- Doncs que cal posar-hi tota l'atenció – va dir la Piula – s'ha d'escoltar amb els ulls, amb les orelles... amb tot el cos!

- Amb els ulls? - va preguntar la Berta.

- Sí, Berta. És important mirar-se! -va seguir la Piula- Amb la mirada ens diem tantes coses!

- És veritat!- va respondre la nena- A més, és difícil saber si algú t'escolta quan no et mira... oi?

Des del seu aquari, en Tip va afegir:

- Berta, si t'haguessis fixat en la cara de preocupació que feia la Mixa, no li hauries respost com ho has fet...

- Tens raó, Tip! - li va respondre una mica avergonyida.

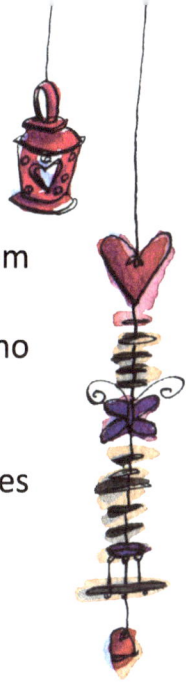

17

- M'he passat tot el dia buscant aquesta piloteta, Berta! -li va dir la Mixa- M'ha semblat que no t'importava gaire com em sentia!

- Sí, ja ho entenc -va respondre la Berta- em sembla que tenia tantes ganes de mirar els dibuixos, que no he estat per tu com calia, Mixa. Em sap greu.

- Potser jo tampoc no he escollit el millor moment per parlar-ne... - va seguir, la gateta.

- Ai, Mixa... -va sospirar la Berta- Tu sempre seràs més important que la tele! És molt normal que et sentis així. Te l'estimes molt la teva piloteta! Vols que t'ajudi a trobar-la?

Quan va ser hora de sopar, van seure tots a taula.

- Avui el Pau m'ha convidat a la seva festa- va dir la Berta.
- Una festa? I què celebra en Pau? - va preguntar el pare.
- Dissabte és el seu aniversari - va respondre ella.
- Et veig molt animada! Voldràs anar-hi, oi?- va obervar la mare.
- I tant, mare! És aquest dissabte a la tarda. Ens ha convidat a tota la classe! - va seguir la Berta, il·lusionada - Jo ja li he dit que sí, oi que hi podré anar?

En Miquel, el germà petit de la Berta, també seguia la conversa, i va reclamar:

- I jo? Jo també hi vull anar!

20

De cop i volta, un xiulet els va interrompre, venia del mòbil del pare, que rebia un missatge. I, com si s'haguessin posat d'acord, el mòbil de la mare es va posar a cantar... algú l'estava trucant.

La Berta i en Miquel van sospirar i van exclamar:

- Que m'escoltes, mare?
- Que m'escoltes, pare?

- Els mòbils són un rotllo! - es va queixar en Miquel.
- Tens raó, tresor -va reconèixer la mare-, hi ha moments que fan més nosa que servei!

La Berta va agafar una capsa que havia decorat a classe de plàstica i els va proposar:
- Què us sembla si a l'hora de sopar guardem els mòbils aquí dins?
- Bona pensada, Berta! - va celebrar el pare.

La Piula va afegir:
- També hi podríem guardar el comandament de la tele.
- I tant! - va afegir la mare- i les presses, també les hi podríem deixar...

La van anomenar "capsa facilitadora de converses", i sempre que volien passar una bona estona xerrant plegats, hi guardaven totes aquelles interferències que els podien distreure o molestar. Quin gran invent!!

Algunes propostes:

• Escoltar és molt més que parar l'orella:
- Cal que miris amb atenció qui et parla. Així sabrà que te l'escoltes i tu veuràs les emocions que expressen la seva cara, les seves mans, el seu cos... pensa que són tan importants com el missatge que et vol transmetre.
- Quan algú et parli, atura't uns moments i para-hi atenció o l'entendràs només a mitges.
- Abans de dir-hi la teva, espera que l'altra persona acabi d'explicar-se, no l'interrompis.
- Evita distraccions i interferències (televisor, mòbils, ...).

• Molt millor si et guardes els consells per quan te'ls demanin. A vegades, a l'altra persona, només li cal posar paraules als sentiments per aclarir-se.

• Si vols ajudar a expressar-se millor a qui et parla, pots preguntar repetint alguna paraula que hagi dit, així l'animes a explicar-se amb més precisió. També pots parafrasejar, o sigui repetir el que has entès, però amb les teves paraules, per evitar malentesos.

• Si vols que t'escoltin, tingues present:
- Escollir un moment adequat per explicar-te.
- Situar-te allà on et puguin veure bé, millor si et poses just al davant.
- Estar disposat/da a escoltar, també...

• Amb els de casa dediqueu algunes estones del dia, a parlar-vos i a escoltar-vos els uns als altres. L'hora dels àpats i les sobretaules són un bon moment per compartir converses tranquil·lament i sense presses.

• Us proposo que decoreu una capsa com la de la Berta i que hi deixeu els mòbils de tant en tant... així podreu gaudir de converses sense interferències. També els podeu deixar en silenci... això també funciona!

Júlia Prunés Massaguer

Mare, doula, infermera... i, entre altres coses, *"facilitadora de convivència"* formada pel Servei de Mediació Comunitària de Terrassa (2010). M'apassiona tot el món de les emocions. És per això que faig el postgrau d'Educació Emocional i Benestar a la Universitat de Barcelona (2013-14). Estic convençuda que l'educació emocional és la clau per aprendre a ser feliços i també per relacionar-nos millor amb els altres.

M'he proposat acostar l'educació emocional i la cultura de la mediació a l'àmbit familiar, escrivint i narrant contes com el que teniu entre mans, i també dinamitzant tallers per adults, nens/es i també per a famílies.

info@juliadoula.cat · 665 631 051
facebook i youtube: Júlia Prunés

www.creixerenfamilia.blogspot.com.es

Aquest conte s'ha pogut editar i publicar, gràcies a:

COL·LEGI PIVE · ESCOLA TECNOS I AMPA TECNOS · ESCOLA BALDIRI REIXAC · TIETA EVA · LUCIANO MÉNDEZ
ESTER COMELLAS CASARRAMONA · MARIBEL GUIJARRO · FAMÍLIA ROSELL CIVIT · FAMÍLIA VALLS PAGÈS
FAMÍLIA PUIG GALLÉS · LLUNA, JAN I ADRIANA · PATRICIA CABEZA · JORDINA MASSAGUER · PEPA BAREA
FINA MARTÍNEZ · FAMÍLIA PI-BOLEDA · SALUT I BERTA CASTELLS · ANNA SALGUERO ÁLVAREZ · NÚRIA ESPEJO
PERE, AURORA, DANIEL I VALERI · FAMÍLIA POCH PINEDA · PAU I JÚLIA MESTRES GRÀCIA · SAÚL SÁNCHEZ JIMÉNEZ
IRIA RIBADAS ALONSO · FAMÍLIA GRANÉ ALONSO · FAMÍLIA GIMÉNEZ-TARRÉS · JORDI PASCUAL PASCUAL
ANA BELÉN JARRILLO, BRESSOL DE CONTES · GEMMA FILELLA GUIU · NEREA SANTAMARIA HERRERA
MARTA · RAFAEL BISQUERRA · POL I LAURA DONÉS · FAMÍLIA FONT-QUER · FAMÍLIA NOFUENTES PERALTA
SUSANA CABEZA · MARTA SANTACANA · MONTSERRAT CARDÚS I RUA · LUÍS GERMÁN LÓPEZ COBO · JOAQUIM
CONCHA SUÁREZ COTELO · TEACHING NICELY · ALBERT FONT-TARRÉS · PACO, VIRGINIA, FIONA I ELOI
ENEKO · BEGOÑA · FAMÍLIA JANOHER I BONET · ANNA MARTÍ · FAMÍLIA GUIJARRO FONT
FAMÍLIA HERNÁNDEZ-TORRENT · FAMÍLIA SALAZAR RODRÍGUEZ · FAMÍLIA HOMS PERALTA · JORDI REIXACH
INMA CASTELLÀ · IGNASI BLANCH · MARTA MORENO I JANSANA · PAULA MURADAY · AIHEN - TXAS
MARTA HUGUET I ROSELLÓ · GEMMA VISENS TORRES · FAMÍLIA GIMÉNEZ BORDONADA · JUDIT
MARIA COLELL I PUIG · FAMÍLIA TURNÉ SOLDADO · FAMÍLIA BALDÓ FORNIÉS · NAYRA & NOA · MARTA C.
AVI I ÀVIA DE LA BERTA · MIQUEL MONTESINOS · MONTSERRAT FREIXAS ROJAS · GUIM I BIEL CASALS
MAR NIETO ARGEMÍ MARTA · ANNA QUINTÍN ESTEVE PONT · MFELIUA · CATI
FAMÍLIA LÓPEZ JORDÀ · MARIA JOSÉ HURTADO · MIREIA TS · SILVIA CEREZO TOMÀS · DOLORS RODOREDA
FAMÍLIA MARCO USON · LUCI · WLADIMIR MORALES ADAM · CARLES · JESÚS GÓMEZ · MARIA PÉREZ
INSTITUTO SHEN DAO BARCELONA · LAURA VERT I CARBÓ · ANTONI CARNÉ · FAMÍLIA PORTA TOBELLA
CIÓ DELGADO · A · GEMMA GUILLAMÓN · VALENTINA MARÍN · JANINA MARTÍ · AGUSTÍ LLOBET SERRA
FAMÍLIA GOTA PUIGDELLÍVOL · FAMÍLIA ESCAR-CUADRADO · BERTA GASCA I SANAHUJA · L@M@RT@
LÉA VIDAL LLORET · BERTA JIMÉNEZ CASANOVAS · LLUC SAYOL YESTE · AGUSTINA R · MARTA · RUTH
FAMÍLIA NAVARRO SEGURA · LIA BARBERY · ELENA ANDRÉS · MIREIA · NATHALIE · ANNA MASSAGUER
JÚLIA I LAIA VICENTE MARTÍN · MARIA BELLMUNT DRUDIS · ANNA PRUNÉS · ASSUMPTA J · LLORET MARTÍNEZ
FAMÍLIA GOVAERTS DE PABLOS · FAMÍLIA VERGÉS MIRÓ · MARTA JARQUE · GAL·LA I CARLOTA · DÍDAC
FAMÍLIA MASSAGUER BORREGO · SARA I ALEX MORALES BALLESTA · EIDER · ESTEL'ART
MOLINS I ROSÉS · LAIA SABATÉ ARNAU · ISABEL CASELLAS · JOEL LICHTENFELD · NORA
ESTHER MARTÍN GALLARDO · COMPANYIA DE TEATRE FREC A FREC · MARTA
PAQUITA CASTRO · CANDELA I MARINA · JORDI GRAU · IRENE SERRA · ALBA MAGRIÑÀ
TONI DE CONTRERAS · FAMÍLIA PLANAS LLORENS · FAMÍLIA BELLAVISTA JIMÉNEZ · TIA B
ROSARIO JIMÉNEZ · FAMÍLIA BOSCH COSTA · NURIA OTERO · ALBA PÉREZ RUIZ
ÁLEX CASADEVALL · ALBA LÓPEZ CASADEVALL · MARTÍ PÀMIES LUQUE · FERRAN, DÍDAC, ORIOL I JAN
WWW.CRIANZANATURAL.COM · WWW.VETAQUIUNGAT.CAT ♥ MOLTES GRÀCIES ! ♥

FET AMB CROWDFUNDING
VERKAMI

www.ingramcontent.com/pod-product-compliance
Lightning Source LLC
Chambersburg PA
CBHW042108040426
42448CB00002B/188

9788494211713